Ernst Toller

Masse Mensch

Ein Stück aus der sozialen Revolution
des 20. Jahrhunderts

Ernst Toller: Masse Mensch. Ein Stück aus der sozialen Revolution des 20. Jahrhunderts

Entstanden im Oktober 1919. Uraufführung: 15. November 1920 unter der Regie von Friedrich Neubauer im Stadttheater Nürnberg. Erstdruck: Gustav Kiepenheuer Verlag, Potsdam, 1921. Der Titel »Masse Mensch« der vorliegenden Ausgabe folgt der Erstausgabe. Spätere Ausgaben verwenden teilweise den Titel »Masse-Mensch«.

Neuausgabe
Herausgegeben von Theodor Borken
Berlin 2020

Der Text dieser Ausgabe wurde behutsam an die neue deutsche Rechtschreibung angepasst.

Umschlaggestaltung von Thomas Schultz-Overhage unter Verwendung des Bildes: Ernst Toller während seiner Haft im Festungsgefängnis Niederschönenfeld

Gesetzt aus der Minion Pro, 11 pt

ISBN 978-3-8478-4362-7

Die Deutsche Nationalbibliothek verzeichnet diese Publikation in der Deutschen Nationalbibliografie; detaillierte bibliografische Daten sind im Internet über www.dnb.de abrufbar.

Verlag: Henricus - Edition Deutsche Klassik GmbH
Mörchinger Str. 33, 14169 Berlin, info@henricus-verlag.de
Druck: Libri Plureos GmbH, Friedensallee 273, 22763 Hamburg

Weltrevolution.
Gebärerin des neuen Schwingens.
Gebärerin der neuen Völkerkreise.
Rot leuchtet das Jahrhundert
Blutige Schuldfanale.
Die Erde kreuzigt sich.

Den Proletariern

*Die erste Niederschrift entstand im Oktober 1919, im ersten Jahr
der deutschen Revolution. Festungsgefängnis Niederschönenfeld.*

Spieler

Arbeiter

Arbeiterinnen

Der Namenlose

Offizier

Priester

Mann (der Beamte)

Sonja Irene L., eine Frau

Gestalten der Traumbilder

Sonja Irene L.

Der Begleiter

Bankiers

Der Beamte

Wachen

Gefangene

Schatten

Das dritte, fünfte und siebente Bild in visionärer Traumferne.

Erstes Bild

Hinterzimmer einer Arbeiterschenke.
An getünchten Wänden Kriegervereinsbilder und Porträts von
Heroen der Masse. In der Mitte ein klotziger Tisch, um den eine
Frau und die Arbeiter sitzen.

ERSTER ARBEITER.
  Flugblätter sind verteilt,
  Im großen Saal Zusammenkunft. –
  Frühzeitig schließen morgen die Fabriken.
  Die Massen gären.
  Morgen wird Entscheidung.
  Bist du bereit, Genossin?
DIE FRAU.
  Ich bin's.
  Mit jedem Atem wächst mir Kraft –
  Wie sehnt ich diese Stunde,
  Da Herzblut Wort und Wort zur Tat wird.
  Lähmung befiel mich oft – zusammen krallt ich
  Meine Hände vor Zorn und Scham und Qual.
  Grölen die verruchten Blätter Sieg –
  Packen Millionen Fäuste mich ...
  Und gellen: Du bist schuldig, dass wir sterben!
  Ja, jedes Pferd, dess' Flanken zitternd schäumen,
  Klagt stumm mich an – klagt an. –
  Dass morgen ich Fanfare Jüngsten Tages gellte,
  Da mein Gewissen brandet in den Saal –
  Bin **ich** es noch, die Streik verkünden wird?
  Mensch ruft Streik, Natur ruft Streik!
  Mir ist's, als bellt's der Hund, der an mir aufspringt,
  Betrete ich mein Haus ...
  Als gischtet Streik der Strom!
  Mein Wissen ist so stark. Die Massen
  Auferstanden frei vom Paragrafenband
  Der feisten Herrn am grünen Tisch,

Armeen der Menschheit werden sie mit wuchtender Gebärde
Das Friedenswerk zum unsichtbaren Dome türmen.
Die rote Fahne, ... Fahne des Anbruchs,
Wer trägt sie voran?
ZWEITER ARBEITER.
Du! Dir folgen sie.

Stille flackert.

DIE FRAU.
Dass nur die Mittler schweigen!
Du glaubst, die Polizei ist ohne Kunde?
Wenn Militär den Saal mit Ketten fesselt?
ERSTER ARBEITER.
Die Polizei ist ohne Kunde. Und wenn sie's weiß,
So weiß sie nicht den wahren Zweck. –
Umfängt die Massen erst der Saal,
Sind sie gewaltige Flut, die keine Polizei
Zu Parkfontänen ruhig plätschernd formt.
Und dann: Die Polizei wagt nicht mehr vollen Einsatz,
Zersetzung fraß den Rausch des Machtgefühls
Die Regimenter aber stehn zu uns –
Soldatenräte überall!
Morgen wird Entscheidung, Genossin.

Es klopft.

ERSTER ARBEITER.
Verraten!
ZWEITER ARBEITER.
Sie dürfen dich nicht fangen.
ERSTER ARBEITER.
Nur eine Tür.
ZWEITER ARBEITER.
Durchs Fenster!
ERSTER ARBEITER.
Das Fenster stürzt in einen Lichtschacht.
DIE FRAU.
So nah dem Kampf ...

Es klopft stärker. Die Tür öffnet sich. Der Mann, Mantelkragen
hoch aufgeschlagen, kommt hinein, blickt sich schnell um, hebt
den Hut aus steifem Filz.

DIE FRAU.

Ein ... Freund und nichts zu fürchten ...

Du kommst zu mir,

Du findest mich.

DER MANN.

Ich wünsche Guten Abend.

Leise.

Ich bitte mich nicht vorzustellen.

Kann ich dich sprechen?

DIE FRAU.

Genossen ...

DIE ARBEITER.

Gute Nacht.

Auf Morgen.

DIE FRAU.

Gute Nacht, auf Morgen.

DER MANN.

Klar wird dir sein,

Ich komm nicht her als Helfer.

DIE FRAU.

Verzeih den Traum der blühenden Sekunden.

DER MANN.

Bedrohte Ehre zwang den Schritt hierher.

DIE FRAU.

Bin ich der Anlass? Seltsam.

Ist's Ehre bürgerlichen Standes?

Ward abgestimmt? Droht Mehrheit

Dich aus ihren Reihen auszuschließen?

DER MANN.

Ich bitte, lass das Scherzen.

Die Rücksichtnahme, die dir fremd, ist mir Gebot.

Für mich besteht die sachlich strenge Ehrensatzung ...

DIE FRAU.

Die euch zu Formeln prägt.

DER MANN.

Die Unterordnung, Selbstzucht heischt ...

Du nimmst nicht teil an meinen Worten ...

DIE FRAU.

Ich sehe deine Augen.

DER MANN.

Verwirr mich nicht.

DIE FRAU.

Du ... du ...

DER MANN.

Um kurz zu sein,

Ich setze Riegel vor dein Wirken.

DIE FRAU.

Du ...

DER MANN.

Drang nach sozialer Tätigkeit

Kann auch Befriedigung in unserm Kreise finden.

Ich nenne: Heim unehelich geborner Kinder.

Gedanke liegt dem Arbeitsfeld zugrunde,

Der Zeuge ist für die Kultur, von dir verspottet.

Selbst deine sogenannten Arbeitergenossen

Verachten Mütter ohne Ehe.

DIE FRAU.

Nur weiter ... weiter ...

DER MANN.

Du bist nicht frei in deinem Handeln.

DIE FRAU.

Ich bin frei ...

DER MANN.

Annehmen darf ich ein gewisses Maß von Rücksicht,

Wenn nicht von deiner Einsicht, so von deinem Takt.

DIE FRAU.

Ich kenne Rücksicht nur aufs Werk,

Dem diene ich, dem, hörst du, muss ich dienen.

DER MANN.

Zergliedern will ich:

Wunsch nach äußerer Tätigkeit bestimmt dein Tun –

Wunsch, geboren aus verschiedenen Motiven.

Es liegt mir der Gedanke fern,

Dass diese Wünsche unedler Natur.

DIE FRAU.

Wie du mir wehe tust mit jedem Wort ...

Kennst du die Bilder der Madonnen

In bäuerlichen Häusern?

Durchbohrt von Schwertern blutet Herz in dunklen Tränen.

Ihr hässlichen, ihr rührend frommen Drucke ...

So einfältig und groß ...

Du ... du ...

Sprachst du von Wünschen?

Ich weiß ... Schlucht gräbt sich zwischen uns ...

Nicht Wunsch hat mein Geschick gewendet,

Not war's ... Not aus Menschsein,

Not aus meiner tiefsten Fülle.

Not wendet, höre, Not wendet!

Nicht Laune, Spiel der Langeweile,

Not aus Menschsein wendet.

DER MANN.

Not? Hast du ein Recht

Von Not zu sprechen?

DIE FRAU.

Mann ... du ... lass mich ...

Nun halt ich deinen Kopf ...

Nun küss ich deine Augen ..

Du ...

Sprich nicht weiter ...

DER MANN.

Fern liegt mir dich zu quälen ...

Der Ort ... Man kann uns nicht belauschen?

DIE FRAU.

Und hört uns ein Genosse,

Sie haben Taktgefühl auch ohne Ehrensatzung.

O, wenn du sie verstündest, Hauch nur spürtest ihrer Not.
Not ... die unsre ist ... sein muss!
Erniedrigt habt ihr sie ...
Erniedrigend euch selbst geschändet,
Zu eignen Henkern wurdet ihr ...
Sperr das Mitleid deiner Augen!
Ich bin nicht nervenkrank,
Bin nicht sentimental.
Weil ich's nicht bin, gehöre ich zu ihnen.
O eure jämmerlichen Stunden für soziales Tun bestimmt,
Beschwichtigung aus Eitelkeit und Schwäche.
Kameraden sind, die schämen sich für euch,
Wenn sie nicht ... hell auflachen ...
Siehst du, wie ich jetzt lache.

DER MANN.

So magst du alle Wahrheit wissen.
Man weiß ... Behörde weiß von dir.
Ich leistete den Staatseid ... Frau.
Der Referent für Personalia ist unterrichtet,
Fortkommen im Beruf wär ausgeschlossen.

DIE FRAU.

Und ...?

DER MANN.

Ich sag dir rücksichtslos,
Ich zieh die Konsequenzen,
Die ... sei versichert,
Auch mein Gefühl berühren würden ...
Zumal du neben dem Beruf des Gatten
Das Staatswohl schädigst ...
Du unterstützt den innren Feind.
Damit ist Scheidungs-Tatbestand gegeben.

DIE FRAU.

Dann freilich ... wenn ich dich schädige,
Dir im Wege hemmend stehe ...

DER MANN.

Noch wäre Zeit.

DIE FRAU.

    Dann freilich ...

    Dann ... bin ich bereit ...

    Ich trag die Schuld ...

    Hab keine Angst, Prozess wird dich nicht schädigen

    Du ...

    Du ... meine Arme weiten sich dir

    In großer Not.

    Du, mein Blut blüht dir ...

    Sieh, ich werde welkes Blatt ohne dich.

    Du bist der Tau, der mich entfaltet.

    Du bist der Sturm, dess' märzne Kraft

    Brandfackeln wirft in dürstendes Geäder ...

    Nächte waren, Rufe schwellender Knaben,

    Die sich bäumen in ihres Blutes Reife ...

    Trag mich fort, in Wiesen, Park, Alleen,

    Demütig will ich deine Augen küssen ...

    Ich glaube, ich werde schwach sein

    Ohne dich ... grenzenlos ...

    Verzeih, ich war's nur eben.

    Ich sehe klar die Lage, gerechtfertigt dein Tun.

    Denn siehe, morgen steh ich vor den Massen –

    Morgen spreche ich zu ihnen.

    Morgen werde ich dem Staat, dem Eid du schwurst

    Die Maske von der Mörderfratze reißen ...

DER MANN.

    Dein Tun ist Staatsverrat!

DIE FRAU.

    Dein Staat führt Krieg,

    Dein Staat verrät das Volk!

    Dein Staat ausbeutet, drückt, bedrückt,

    Entrechtet Volk.

DER MANN.

    Staat ist heilig ... Krieg sichert Leben ihm.

    Friede ist Phantom von Nervenschwachen.

    Krieg ist nichts als unterbrochner Waffenstillstand,

    In dem der Staat, bedroht vom äußren Feind,

Bedroht vom innren Feind, beständig lebt.

DIE FRAU.

Wie kann ein Leib von Pest und Brand zerfressen leben?
Sahst du den nackten Leib des Staates?
Sahst du die Würmer daran fressen?
Sahst du die Börsen, die sich mästen
Mit Menschenleibern?
Du sahst ihn nicht ... ich weiß du schwurst dem Staate Eid,
Tust deine Pflicht und dein Gewissen ist beruhigt.

DER MANN.

Bedeutet der Entscheid dein letztes Wort?

DIE FRAU.

Bedeutet letztes Wort.

DER MANN.

Gute Nacht!

DIE FRAU.

Gute Nacht.

Da der Mann gehen will.

DIE FRAU.

Ich darf mit dir gehen?
Zum letzten Male heut ...
Oder bin ich schamlos?
Oder bin ich schamlos ...
Schamlos in meinem Blut ...

Frau folgt dem Mann.
Die Bühne verdunkelt sich.

Zweites Bild

(Traumbild)

*Angedeutet: Saal der Effektenbörse. Am Pult Schreiber, um ihn
Bankiers und Makler. Schreiber: Antlitz des Mannes.*

SCHREIBER.
> Ich notiere.

ERSTER BANKIER.
> Waffenwerke
> 350.

ZWEITER BANKIER.
> Ich überbiete
> 400.

DRITTER BANKIER.
> 400
> Biete an.

*Der vierte Bankier zerrt den dritten nach vorn. Im Hintergrund
Gemurmel der Bietenden und Verkaufenden.*

VIERTER BANKIER zum DRITTEN.
> Gehört?
> Rückzug
> Notwendig.
> Große Offensive
> Wird misslingen.

DRITTER BANKIER.
> Reserven?

VIERTER BANKIER.
> Menschenmaterial
> Wird schlecht.

DRITTER BANKIER.
> Ernährung ungenügend?

VIERTER BANKIER.
> Auch das.

Obwohl
Professor Ude
Meint,
Dass Roggen,
Nach Prozentsatz 95
Ausgemahlen,
Schlemmernahrung
Ist.

DRITTER BANKIER.
Die Führung?

VIERTER BANKIER.
Ausgezeichnet.

DRITTER BANKIER.
Nicht Alkohol genug?

VIERTER BANKIER.
Die Schnapsfabriken
Brennen
Unter Hochdruck.

DRITTER BANKIER.
Was fehlt?

VIERTER BANKIER.
Der General
Hat 93 Professoren
Ins Hauptquartier berufen.
Auch unsre Koriphäe
Geheimrat Gluber.
Man munkelt Resultate.

DRITTER BANKIER.
Die sind?

VIERTER BANKIER.
In bürgerlichen Sphären
Zu verhüllen.

DRITTER BANKIER.
Schwächt Männerliebe
Die Soldaten?

VIERTER BANKIER.
Merkwürdig nein.

Mann hasst Mann.
Es fehlt.
DRITTER BANKIER.
Es fehlt ...?
VIERTER BANKIER.
Mechanik
Alles Lebens
Wurde offenbart.
DRITTER BANKIER.
Es fehlt?
VIERTER BANKIER.
Masse braucht Lust.
DRITTER BANKIER.
Es fehlt ...?
VIERTER BANKIER.
Die Liebe.
DRITTER BANKIER.
Das genügt!
So ist der Krieg
Als unser Instrument,
Das mächtige gewalt'ge Instrument,
Das Könige und Staaten,
Minister, Parlamente,
Presse, Kirchen
Tanzen lässt,
Tanz über Erdball,
Tanz über Meere,
Verloren?
Sprechen Sie: Verloren?
Ist das Bilanz?
VIERTER BANKIER.
Sie kalkulieren schlecht.
Die Fehlerquelle ist erkannt.
Wird ausgeglichen.
DRITTER BANKIER.
Wodurch?

VIERTER BANKIER.
    Auf internationalem Weg.
DRITTER BANKIER.
    Ist das bekannt?
VIERTER BANKIER.
    Im Gegenteil.
    Wird vaterländisch echt frisiert
    Und unabhängig
    Von Valuta.
DRITTER BANKIER.
    Auch gut fundiert?
VIERTER BANKIER.
    Konzern der größten Banken
    Leitet Unternehmen.
DRITTER BANKIER.
    Der Profit?
    Die Dividende?
VIERTER BANKIER.
    Wird regelmäßig ausgeschüttet.
DRITTER BANKIER.
    Die Form des Unternehmens gut.
    Doch Inhalt?
VIERTER BANKIER.
    Die Maske heißt Erholungsheim
    Zur Siegeswillenstärkung.
    Der Inhalt:
    Staatliches Bordell.
DRITTER BANKIER.
    Grandios!
    Ich zeichne 100.000.
    Noch eine Frage,
    Wer ordnet die Dynamik?
VIERTER BANKIER.
    Erfahrene Generäle,
    Beste Kenner
    Erprobten Reglements.

DRITTER BANKIER.
    Der Plan
    Entworfen?
VIERTER BANKIER.
    Nach Reglement,
    Wie ich schon sagte.
    Drei Preise.
    Drei Kategorien.
    Bordell für Offiziere:
    Aufenthalt die Nacht.
    Bordell für Korporale:
    Eine Stunde.
    Mannschaftsbordell:
    15 Minuten.
DRITTER BANKIER.
    Ich danke.
    Wann wird der Markt eröffnet?
VIERTER BANKIER.
    Jeden Augenblick.

Im Hintergrund Lärm. Dritter und vierter Bankier nach hinten.

SCHREIBER.
    Zugelassen neu:
    Die nationale Aktie
    Kriegserholungsheim
    A.G.
ERSTER BANKIER.
    Ich habe keinen Auftrag.
ZWEITER BANKIER.
    Die Dividende lockt mich nicht.
DRITTER BANKIER.
    Ich zeichne 100.000
    Nennwert.
SCHREIBER.
    Ich notiere.
VIERTER BANKIER.
    Die gleiche Anzahl.

Der ERSTE zum ZWEITEN BANKIER.

Der Kühle zeichnet ...

Was meinen Sie? ...

ZWEITER BANKIER.

Soeben Telegramm:

Die Schlacht im Westen

Verloren ...

ERSTER BANKIER.

Meine Herren!

Die Schlacht im Westen ist verloren!

Rufe, Geschrei, Kreischen.

STIMMEN.

Verloren!

STIMME.

Waffenwerke

Biete an

Zu 150.

STIMME.

Flammenwerfer Trust

Ich biete an.

STIMME.

Kriegsgebetbuch m.b.H.

Ich biete an.

STIMME.

Giftgaswerke

Biete an.

STIMME.

Kriegsanleihe

Biete an.

DRITTER BANKIER.

Ich zeichne nochmals

100.000.

STIMME.

Hoho ...

Bei dieser Baisse? ...

STIMME.

Wer sagte, dass die Schlacht verloren?

STIMME.

Ist wahr die Nachricht?

Oder Börsencoup?

Der Kühle

Zeichnet Zweimalhunderttausend.

ZWEITER BANKIER.

Schiebung!

Ich kaufe.

150.

STIMME.

Ich überbiete.

200.

STIMME.

Ich kaufe.

300.

STIMME.

Wer bietet an?

400.

Ich kaufe.

SCHREIBER.

Ich notiere.

VIERTER zum DRITTEN BANKIER.

Der Fuchs errät ...

DRITTER BANKIER.

Verzeihen Sie die Frage.

Unser stärkstes Instrument

Gerettet?

VIERTER BANKIER.

Wie können Sie nur zweifeln?

Mechanik alles Lebens

Ist so einfach –

Ein Leck war da ...

Es ist entdeckt

Und schnell verstopft.

Die Baisse

Oder Hausse heute
Ist nebensächlich.
Das Wesentliche:
Mechanisches Gesetz stabil.
Die Folge:
Das System gerettet.
SCHREIBER.
Ich notiere.

Der Begleiter tritt ein. Sein Gesicht: ein Verwobensein von Zügen des Todes und Zügen angespanntesten Lebens. Er führt die Frau.

DER BEGLEITER.
Sie notieren zu voreilig.
Blut und System!
Mensch und System!
Der Satz ist brüchig.
Ein Fußtritt,
Und die Mechanik
Ist zerbrochnes
Kinderspielzeug.
Achtung!

Zur Frau.

Sprich du!
DIE FRAU *leise.*
Meine Herren:
Menschen.
Ich wiederhole:
Menschen!

Die Begleiter und die Frau verblassen. Jähe Stille.

DRITTER BANKIER.
Hörten Sie?
Ein Grubenunglück,
Scheint's.
Menschen in Not.

VIERTER BANKIER.

> Ich schlage vor:
> Wohltätigkeitsfest.
> Tanz
> Ums Börsenpult.
> Tanz
> Gegen Not.
> Erlös
> Den Armen.
> Wenn's gefällig ist,
> Ein Tänzchen,
> Meine Herrn.
> Ich spende:
> Eine Aktie
> Kriegserholungsheim
> A.G.

STIMME.

> Doch Weiber?

VIERTER BANKIER.

> So viel
> Sie wollen.
> Man befehle
> Dem Portier:
> Fünfhundert
> Raffinierte Mädchen
> Her!
> Inzwischen ...

DIE BANKIERS.

> Wir spenden!
> Wir tanzen!
> Erlös
> Den Armen!

Musik klappernder Goldstücke. Die Bankiers im Zylinder tanzen
einen Foxtrott um das Börsenpult.
Die Bühne verdunkelt sich.

Drittes Bild

Die Bühne bleibt dunkel.

MASSENCHÖRE *wie aus der Ferne.*
Wir ewig eingekeilt
In Schluchten steiler Häuser.
Wir preisgegeben
Der Mechanik höhnischer Systeme.
Wir antlitzlos in Nacht der Tränen.
Wir ewig losgelöst von Müttern,
Aus Tiefen der Fabriken rufen wir:
Wann werden Liebe wir leben?
Wann werden Werk wir wirken?
Wann wird Erlösung uns?

Die Bühne erhellt sich. Großer Saal.
Auf der Tribüne ein langer schmaler Tisch. Links sitzt die Frau.
Im Saal Arbeiter und Arbeiterinnen dicht gedrängt.

GRUPPE JUNGER ARBEITERINNEN.
Und Schlacht speit neue Schlacht!
Kein Zaudern mehr mit jenen Herren,
Nicht Schwanken und nicht schwachen Pakt.
Einer Schar Genossen Auftrag:
In die Maschinen Dynamit.
Und morgen fetzen die Fabriken in die Luft.
Maschinen pressen uns wie Vieh in Schlachthaus,
Maschinen klemmen uns in Schraubstock,
Maschinen hämmern unsre Leiber Tag für Tag
Zu Nieten ... Schrauben ...
Schrauben ... drei Millimeter ... Schrauben ... fünf Millimeter,
Dörren unsre Augen, lassen Hände uns verwesen
Bei lebendigem Leibe ...
Nieder die Fabriken, nieder die Maschinen!
VEREINZELTE RUFE IM SAAL.
Nieder die Fabriken, nieder die Maschinen!

Am Tisch auf der Tribüne erhebt sich die Frau.

DIE FRAU.

Einst Blinde noch und angefallen
Von Marterkolben saugender Maschinen,
Verzweifelt schrie ich jenen Ruf.
Es ist ein Traum, der eure Blicke hemmt,
Ein Traum von Kindern, die vor Nacht erschreckt.
Denn seht: Wir leben zwanzigstes Jahrhundert.
Erkenntnis ist:
Fabrik ist nicht mehr zu zerstören.
Nehmt Dynamit der ganzen Erde,
Lasst eine Nacht der Tat Fabriken sprengen,
Im nächsten Frühjahr wärn sie auferstanden
Und lebten grausamer als je.
Fabriken dürfen nicht mehr Herr,
Und Menschen Mittel sein.
Fabrik sei Diener würdigen Lebens!
Seele des Menschen bezwinge Fabrik!

GRUPPE JUNGER ARBEITER.

So sollen die und wir verkommen.
Sieh unsre Worte zerstriemen sich in Wut und Rache.
Die Herren bauen sich Paläste,
Da Brüder in den Schützengräben faulen.
Und Tanz quillt auf und Wiesen, bunte Spiele,
In Nächten lesen wir davon und heulen auf!
Und Sehnsucht ist in uns nach Wissen ...
Das Höchste nahmen sie,
Und es ward böse.
Nur manchmal in Theatern springt es uns entgegen
Und ist so zart ... und schön ... und höhnisch wieder!
In Schulen haben unsre Jugend sie zerstört,
In Schulen unsre Seelen zerbrochen.
Einfache Not ist's, die wir rufen ...
Riecht wohl – diese Not gebeizter Dämpfe!
Wer sind wir heute?
Wir **wollen** nicht warten!

EINE GRUPPE VON LANDARBEITERN.
    Verstoßen hat man uns von unsrer Mutter Erde,
    Die reichen Herren kaufen Erde sich wie feile Dirnen,
    Belustgen sich mit unsrer gnadenreichen Mutter Erde,
    Stoßen unsre rauen Arme in Rüstungsfabriken.
    Wir aber siechen, von Scholle entwurzelt,
    Die freudlosen Städte zerbrechen unsre Kraft.
    Wir wollen Erde!
    Allen die Erde!
MASSE IM SAAL.
    Allen die Erde!
DIE FRAU.
    Durch die Quartiere ging ich.
    Von Schindeldächern tropfte grauer Regen,
    An Stubenwänden schossen Pilze aus der Feuchte.
    Und eine Kammer traf ich, saß darin ein Invalide,
    Der stotterte: »Da draußen war es besser fast ...
    Hier leben wir im Schweinekober ...
    Nicht wahr ... im Schweinekober ...?«
    Und schamhaft Lächeln fiel aus seinen Augen.
    Und mit ihm schäm ich mich.
    Den Ausweg, Brüder, wollt ihr wissen?
    Ein Ausweg bleibt uns Schwachen,
    Uns Hassern der Kanonen.
    Der Streik! Kein Handschlag mehr.
    Streik unsre Tat!
    Wir Schwachen werden Felsen sein der Stärke,
    Und keine Waffe ist gebaut, die uns besiegen könnte.
    Ruft unsre stummen Bataillone!
    Ich rufe Streik!
    Hört ihr:
    Ich rufe Streik!
    Der Moloch frisst das sechste Jahr die Leiber,
    Auf Straßen brechen Schwangere zusammen,
    Vor Hunger sind sie nicht mehr fähig,
    Zu tragen Last der Ungebornen.
    In euren Stuben stiert die Not,

Stiert Seuche, Wahnsinn, Hunger, grüner Hunger.
Dort aber, schaut nach dort:
Die Börsen speien Bacchanalien,
Sekt überströmt errungene Siege,
Wollüstig Prickeln tanzt Geschehen
Um goldene Altäre. Und draußen?
Saht ihr das fahle Antlitz eurer Brüder?
Fühlt ihr die Leiber,
Klamm im abendlichen
Feuchten Frost?
Riecht ihr Verwesung Hauch?
Hört ihr die Schreie? frage ich.
Hört ihr den Ruf?
»Die Reihe ist an euch!
Wir angekettet an Kanonenrohre,
Ohnmächtige wir,
Wir schrein euch zu:
Ihr! Seid uns Helfer!
»**Ihr: Seid die Brücke!!**«
Hört ihr! Ich rufe Streik!
Wer weiter Rüstungswerkstatt speist,
Verrät den Bruder. Was sage ich: verrät?
Er tötet eignen Bruder.
Und Frauen ihr!
Kennt ihr Legende jener Weiber,
Die ewig fruchtlos,
Weil sie Waffen mitgeschmiedet?
Denkt eurer Männer draußen!
Ich rufe Streik!
MASSE IM SAAL.
Wir rufen Streik!
Wir rufen:
Streik!

Aus der Masse im Saal eilt der Namenlose auf die Tribüne, stellt
sich rechts an den Tisch.

DER NAMENLOSE.

Wer Brücke bauen will,
Muss auch für Pfosten sorgen.
Streik ist heute Brückensteg, dem Pfosten fehlen.
Wir brauchen mehr als Streik.
Das Kühnste angenommen.
Durch Streik erzwingt ihr Frieden,
Einen Frieden.
Schafft Ruhepause nur. Nicht mehr.
Der Krieg muss enden
In alle Ewigkeit!
Doch vorher letzten, rücksichtslosen Kampf!
Was nützt's, wenn ihr den Krieg beendet?
Auch Friede, den ihr schafft,
Lässt euer Los unangetastet.
Hie Friedensmaske, altes Los!
Hie Kampf und neues Los!
Ihr Toren, brecht die Fundamente,
Brecht Fundamente! rufe ich.
Dann mag die Sintflut
Das verweste Haus, durch goldne Ketten
Vor Verfall bewahrt, fortschwemmen.
Wir bauen wohnlicher System.
Den Arbeitern gehören die Fabriken
Und nicht dem Monsieur Kapital.
Vorbei die Zeit, da er auf unsern krummen Rücken
Nach fernen Schätzen gierig Umschau hielt
Und fremdes Volk versklavte, Kriege sann,
Papierne Lügenmäuler kreischen ließ:
»Fürs Vaterland! Fürs Vaterland!«
Doch immer mitschwang wahre Melodie:
»Für mich! Für mich!«
Vorbei die Zeit!
Ein Ruf der Massen aller Länder:
Den Arbeitern gehören die Fabriken!
Den Arbeitern die Macht!
Alle für Alle!

Ich rufe mehr als Streik!
Ich rufe: Krieg!
Ich rufe: Revolution!
Der Feind dort oben hört
Auf schöne Reden nicht.
Macht gegen Macht!
Gewalt … Gewalt!

EINE STIMME.
Waffen!

DER NAMENLOSE.
Ja, nur Waffen braucht ihr!
Drum holt sie euch, erstürmt das Stadthaus!
Der Kampfruf: Sieg!

DIE FRAU.
Hört mich!
Ich will …

DER NAMENLOSE.
Schweigen Sie, Genossin!
Mit Händedruck, Gebet und brünst'gen Bitten
Erzeugt man keine Kinder.
Schwindsücht'ge werden nicht gesund durch Wassersuppen,
Zum Bäumefällen braucht's die Axt.

DIE FRAU.
Hört mich …
Ich will nicht neues Morden.

DER NAMENLOSE.
Schweigen Sie, Genossin.
Was wissen Sie?
Sie fühlen unsre Not, ich geb es zu.
Doch waren Sie zehn Stunden lang im Bergwerk,
In blinden Kammern Kinder heimatlose,
Zehn Stunden Bergwerk, abends jene Kammern,
So Tag für Tag das Los der Massen?
Sie sind nicht Masse!
Ich bin Masse!
Masse ist Schicksal.

MASSE IM SAAL.

Ist Schicksal ...

DIE FRAU.

Doch überlegen Sie,

Masse ist ohnmächtig.

Masse ist schwach.

DER NAMENLOSE.

Wie fern Sie der Erkenntnis sind!

Masse ist Führer!

Masse ist Kraft!

MASSE IM SAAL.

Ist Kraft.

DIE FRAU.

Gefühl zwängt mich in Dunkel,

Doch mein Gewissen schreit mir: Nein!

DER NAMENLOSE.

Schweigen Sie, Genossin!

Der Sache willen.

Was gilt der Einzelne,

Was sein Gefühl,

Was sein Gewissen?

Die Masse gilt!

Bedenken Sie: ein einzger blutiger Kampf

Und ewig Frieden.

Kein Maskentand, wie früher Frieden,

Wo unter Hülle Krieg,

Krieg der Starken gegen Schwache,

Krieg der Ausbeutung, Krieg der Gier.

Bedenken Sie: aufhört das Elend!

Bedenken Sie: Verbrechen werden Märchen,

An Morgenhorizonten leuchtet Freiheit aller Völker!

Glauben Sie, dass leicht ich rate?

Krieg ist Notwendigkeit für uns.

Ihr Wort bringt Spaltung,

Um der Sache willen

Schweigen Sie.

DIE FRAU.

> Du ... bist ... Masse
>
> Du ... bist ... Recht

DER NAMENLOSE.

> Die Brückenpfosten eingerammt, Genossen!
>
> Wer in den Weg sich stellt, wird überrannt.
>
> Masse ist Tat!

MASSE IM SAAL *hinaus stürmend.* Tat!!

> *Die Bühne verdunkelt sich.*

Viertes Bild

(Traumbild)

Angedeutet hochummauerter Hof. Nacht. In der Mitte des Hofes auf der Erde eine Laterne, die ein kümmerliches Licht tränt. Aus den Hofwinkeln tauchen Arbeiterwachen auf.

ERSTE WACHE *singt.*
> Meine Mutter
> Hat mich
> Im Graben geboren.
> Lalala la
> Hm, Hm,

ZWEITE WACHE.
> Mein Vater
> Hat mich
> Im Rausche verloren.

ALLE WACHEN.
> Lalala la
> Hm, Hm,

DRITTE WACHE.
> Drei Jahre
> War ich
> Im Zuchthaus geschoren.

ALLE WACHEN.
> Lalala la
> Hm, Hm,

Von irgendwo nähert sich mit gespenstigen lautlosen Schritten der Namenlose. Stellt sich neben die Laterne.

ERSTE WACHE.
> Herr Vater
> Vergaß
> Aliment zu zahlen.

ALLE WACHEN.
Lalala la
Hm, Hm,
ZWEITE WACHE.
Meine Mutter
Trippelt
Den Strich in Qualen.
ALLE WACHEN.
Lalala la
Hm, Hm,
DRITTE WACHE.
Ich störte
Bürger
Bei Königswahlen.
ALLE WACHEN.
Lalala la
Hm, Hm,
DER NAMENLOSE.
Zum Tanz!
Ich spiele auf!
DIE WACHEN.
Halt!!
Wer bist du?
DER NAMENLOSE.
Fragt ich
Nach eurem Namen,
Namenlose?
DIE WACHEN.
Parole?
DER NAMENLOSE.
Masse ist namenlos!
DIE WACHEN.
Ist namenlos.
Der Unsern einer.
DER NAMENLOSE.
Ich spiele auf.

Ich Melder
Der Entscheidung.

Der Namenlose beginnt auf einer Harmonika zu spielen. In
aufpeitschenden, bald sinnlich sich wiegenden, bald stürmischen
Rhythmen. Verurteilter, einen Strick um den Hals, tritt aus dem
Dunkel.

VERURTEILTER.
Im Namen
Der zum Tode
Verurteilten:
Wir bitten letzte
Gnade:
Einladung zum Tanz.
Tanz ist der Kern
Der Dinge.
Leben,
Aus Tanz geboren,
Drängt
Zum Tanz.
Zum Tanz der Lust,
Zum Totentanz
Der Zeit.
DIE WACHEN.
Verurteilten
Soll man
Die letzte Bitte
Stets erfüllen:
Eingeladen.
NAMENLOSER.
Nur her!
Die Farbe
Bleibt sich gleich.
VERURTEILTER *ruft ins Dunkel.*
Die zum Tode
Verurteilten
Antreten!

Zum letzten Tanz!
Gefasste Särge
Stehen lassen.

Die Verurteilten, Strick um den Hals, treten aus dem Dunkel.
Wachen und Verurteilte tanzen um den Namenlosen.

DIE WACHEN *singend.*
  Im Graben geboren.

Tanzen weiter. Nach kurzer Pause.

DIE WACHEN *singend.*
  Im Rausche verloren.

Tanzen weiter. Nach kurzer Pause.

DIE WACHEN *singend.*
  Im Zuchthaus geschoren.

Tanzen weiter.
Der Namenlose bricht jäh ab. Die Dirnen und die zum Tode
Verurteilten laufen in die Ecke des Hofes. Nacht frisst sie. Die
Wachen postieren sich.
Stille windet sich um den Namenlosen. Durch die Mauer ist der
Begleiter in Gestalt eines Wachmannes getreten. Presst das Weib
(Antlitz der Frau) an sich.

DER BEGLEITER.
  Die Wanderung
  Beschwerlich.
  Effekt
  Belohnt die Müh.
  Schau dorthin:
  Sogleich
  Beginnt das Drama.
  Lockt dich die Sensation,
  Spiel mit.

Eine Wache bringt den Gefangenen (Antlitz des Mannes), führt
ihn zum Namenlosen.

DER NAMENLOSE.
    Vom Tribunal
    Verurteilt?
EINE WACHE.
    Sprach selbst
    Sich Tod:
    Er schoss auf uns.
DER GEFANGENE.
    Tod?
DER NAMENLOSE.
    Erschrickst du?
    Höre zu:
    Wache! Gib Antwort!
    Wer lehrte
    Todesurteil?
    Wer gab Waffen?
    Sagte »Held« und »gute Tat«?
    Wer heiligte Gewalt?
DIE WACHE.
    Schulen.
    Kasernen.
    Krieg.
    Immer.
DER NAMENLOSE.
    Gewalt … Gewalt.
    Warum geschossen?
DER GEFANGENE.
    Ich schwur
    Dem Staate Eid.
DER NAMENLOSE.
    Du stirbst
    Für deine Sache.
DIE WACHEN.
    An die Mauer!
DER NAMENLOSE.
    Gewehre geladen?

DIE WACHEN.
> Geladen ...

DER GEFANGENE *an der Mauer.*
> Leben!
> Leben!

Weib reißt sich vom Begleiter los.

WEIB.
> Nicht schießen!
> Der dort mein Mann!
> Vergebt ihm,
> Wie ich ihm demütig vergebe.
> Vergeben ist so stark
> Und jenseits allen Kampfes.

DER NAMENLOSE.
> Vergeben
> Die uns?

WEIB.
> Kämpfen
> Die für Volk?
> Kämpfen
> Die für Menschheit?

DER NAMENLOSE.
> Die Masse gilt.

DIE WACHEN.
> An die Mauer!

EINE WACHE.
> Vergeben ist Feigheit.
> Gestern entfloh ich
> Den Feinden drüben.
> An der Mauer schon stand ich.
> Den Leib zerstriemt.
> Neben mir der Mann,
> Der mich
> Erschlagen sollte.
> Mein Grab
> Musst ich graben

Mit eigner Hand.
Vor uns
Der Fotograf,
Begierig,
Mord
In seine Platte einzubrennen.
Ich scheiß auf die
Revolution,
Wenn wir uns
Äffen lassen
Von den höhnischen Mördern
Drüben.
Ich scheiß auf die
Revolution!
DIE WACHEN.
An die Mauer!

Das Antlitz des Gefangenen verwandelt sich in das Einer Wache.
Die Frau zu Einer Wache.

DIE FRAU.
Gestern standst du
An der Mauer.
Jetzt stehst du
Wieder an der Mauer.
Das bist du,
Der heute
An der Mauer steht.
Mensch
Das bist du.
Erkenn dich doch:
Das bist du.
EINE WACHE.
Die Masse gilt.
DIE FRAU.
Der Mensch gilt.
ALLE WACHEN.
Die Masse gilt.

DIE FRAU.
　　Ich geb
　　Mich hin ...
　　Allen hin ...

　　　　　　Böses Gelächter der Wachen.

DIE FRAU *stellt sich neben den Mann.*
　　So schießt!
　　Ich sag mich los! ...
　　Ich bin so müde ...

　　　　　　Die Bühne verdunkelt sich.

Fünftes Bild

Der Saal.
Morgengrauen schleicht durch die Fenster. Tribüne von trübem
Licht erhellt. Am langen Tisch sitzen links die Frau, rechts der
Namenlose. An den Türen des Saales Arbeiterwachen. Im Saal
hocken vereinzelt an Tischen Arbeiter und Arbeiterinnen.

DIE FRAU.

Sind Nachrichten gekommen letzte Stunde?

Ich schlief, verzeihen Sie, Genosse.

DER NAMENLOSE.

Meldung auf Meldung kommt.

Kampf ist Kampf,

Ist blutiges Kräftespiel und kühl zu wägen.

Vor Mitternacht besetzten wir den Bahnhof.

Um eins war er verloren.

Jetzt rücken Bataillone an

Zum neuen Sturm.

Das Postgebäude ist in unserem Besitz.

In diesem Augenblick

Verkündet Telegramm den Völkern unser Werk.

DIE FRAU.

Das Werk! Welch heiliges Wort!

DER NAMENLOSE.

Ein heilig Wort, Genossin!

Es fordert erzne Panzer,

Es fordert mehr als Rede heißen Herzens.

Es fordert rücksichtslosen Kampf.

Sekundenlang flackernde Stille im Saal.

DIE FRAU.

Genosse, im Letzten überwind ich's nicht.

Kampf mit Eisenwaffen vergewaltigt.

DER NAMENLOSE.

Auch Kampf mit Geisteswaffen vergewaltigt.

Ja, jede Rede vergewaltigt. –
Nicht so bestürzt, Genossin,
Ich packe nackte Dinge.
Dächt ich wie Sie, ich würde Mönch
In jenem Kloster ewigen Schweigens.

*Stille will sich schwer auf den Saal senken. Erster Arbeiter tritt
ein.*

ERSTER ARBEITER.
Ich bringe Meldung.
Wir rückten dreimal gegen den Bahnhof.
Der Platz bäumt sich vor Toten.
Die drüben liegen gut verschanzt,
Mit allen Waffen ausgerüstet,
Mit Flammenwerfern, Minen, giftgen Gasen.
DER NAMENLOSE.
Ihr rücktet dreimal an.
Beim vierten Mal?
ERSTER ARBEITER.
Wir kamen nicht zum vierten Mal,
Die drüben wagten Ausfall.
DER NAMENLOSE.
Ihr hieltet stand.
Braucht ihr Verstärkung?
ERSTER ARBEITER.
Wir sind zersprengt.
DER NAMENLOSE.
Rückschlag war zu erwarten
Merk auf – geh in den dreizehnten Bezirk,
Dort liegen die Reserven.
Geh – eile dich.

Arbeiter geht.

DIE FRAU.
Er sprach von Toten.
Viele hundert.
Schrie ich nicht gestern gegen Krieg??

Und heute … lass ich's zu,
Dass Brüder in den Tod geworfen? –
DER NAMENLOSE.
Ihr Blick ist unklar,
Im Kriege gestern warn wir Sklaven.
DIE FRAU.
Und heute?
DER NAMENLOSE.
Im Kriege heute sind wir Freie.

Stille fiebert.

DIE FRAU.
In … beiden Kriegen … Menschen …
In … beiden Kriegen … Menschen …

Stille taumelt. Zweiter Arbeiter stürzt herein.

ZWEITER ARBEITER.
Das Postamt verloren!
Die Unsern fliehen!
Feind gibt kein Pardon.
Gefangener Schicksal Tod.

Erster Arbeiter eilt herein.

ERSTER ARBEITER.
Ich komm vom dreizehnten Bezirk,
Vergeblich Mühen.
Die Straßen gesperrt.
Bezirk hat sich ergeben.
Sie liefern Waffen ab.
DRITTER ARBEITER.
Die Stadt ist verloren!
Das Werk misslang!
DIE FRAU.
Es muss misslingen …
DER NAMENLOSE.
Noch einmal: Schweigen Sie, Genossin!
Das Werk ist nicht misslungen.

War heute unsere Kraft zu schwach,
Morgen dröhnen neue Bataillone.
VIERTER ARBEITER *schreit in den Saal.*

Sie rücken an!
O furchtbares Gemetzel. Erschossen meine Frau,
Erschossen mein Vater!
DER NAMENLOSE.

Sie starben für die Masse.
Aufrichtet Barrikaden!
Noch sind wir Schützer!
Trächtig ist unser Blut zum Kampf!
Sie sollen kommen!

Arbeiter stürmen in den Saal.

FÜNFTER ARBEITER.

Sie metzeln alles nieder.
Männer, Frauen, Kinder.
Wir liefern uns nicht aus,
Dass sie uns töten eingefangnes Vieh.
Alle metzeln sie nieder, wir müssen uns wehren!
Die jenseits der Grenzen schützte Völkerrecht,
Uns meucheln sie wie ausgebrochne wilde Tiere,
Setzen Prämien auf unsre Leiber. –
Waffen sind uns in Händen.
Gefangene Bürger führen wir mit uns,
Ich gab Befehl, die Hälfte zu erschießen,
Die andere folgt, greift Sturmtrupp an.
DER NAMENLOSE.

Ihr rächtet eure Brüder.
Masse ist Rache am Unrecht der Jahrhunderte.
Masse ist Rache.
DIE ARBEITER.

Ist Rache!
DIE FRAU.

Einhaltet Kampfverstörte!
Ich fall euch in den Arm.
Masse soll Volk in Liebe sein.

Masse soll Gemeinschaft sein.
Gemeinschaft ist nicht Rache.
Gemeinschaft zerstört das Fundament des Unrechts.
Gemeinschaft pflanzt die Wälder der Gerechtigkeit.
Mensch, der sich rächt, zerbricht. –
Die Hälfte ist erschossen!
Die Tat nicht Notwehr.
Blinde Wut! Nicht Dienst am Werk.
Ihr tötet Menschen.
Tötet ihr mit ihnen Geist des Staats,
Den ihr bekämpft?
Die draußen schütze ich.
Ich war bereit,
Mein Gewissen zu lähmen,
Der Masse willen.
Ich rufe:
Zerbrecht das System!
Du aber willst die Menschen zerbrechen.
Ich kann nicht schweigen, heute nicht.
Die draußen Menschen,
Im Blute stöhnender Mütter geboren ...
Menschen ewige Brüder ...
DER NAMENLOSE.
Zum Letzten: Schweigen Sie, Genossin!
Gewalt ... Gewalt ...
Die drüben schonen unsre Leiber nicht.
Mit frommem Blick ist harter Kampf
Nicht durchzuführen. –
Hört nicht auf diese Frau.
Geschwätz von Weiberröcken.
DIE FRAU.
Ich rufe: Haltet ein!
Und Sie ... wer ... sind ... Sie?
Treibt dich entfesselte Wollust des Herrschens
In Käfig gesperrt seit Jahrhunderten?
Wer ... sind ... Sie?
Gott ... wer ... sind ... Sie?

Mörder ... oder ... Heiland?

Mörder ... oder ... Heiland ...?

Namenloser: Ihr Antlitz?

Sie sind ...?

DER NAMENLOSE.

Masse!

DIE FRAU.

Sie ... Masse!

Ich ertrag Sie nicht!

Die draußen schütze ich.

In vielen Jahren war ich euch Gefährtin.

Ich weiß ... Ihr littet mehr als ich ...

Ich bin in hellen Stuben aufgewachsen,

Litt niemals Hunger,

Hört nie das Wahnsinnslachen der verfaulenden Tapeten.

Doch – fühle ich mit euch

Und weiß um euch.

Seht, ich komme bittend Kind.

Ich bringe alle Demut.

Hört auf mich:

Zerbrecht die Fundamente des Unrechts,

Zerbrecht die Ketten der geheimen Knechtschaft,

Doch zerschellt die Waffen der verwesten Zeit.

Zerschellt den Hass! Zerschellt die Rache!

Rache ist nicht Wille zur Umgestaltung,

Rache ist nicht Revolution,

Rache ist Axt, die spaltet

Den kristallnen, glutenden,

Den zornigen erzenen Willen zur Revolution.

DER NAMENLOSE.

Wie wagst du Frau aus jenen Kreisen,

Die Stunde der Entscheidung zu vergiften?

Ich höre andern Ton aus deinem Mund.

Du schützest sie, die mit dir aufgewachsen.

Das ist der tiefre Grund.

Du bist Verrat.

MASSE IM SAAL *bedrängt drohend die Frau.*
>Verrat!
RUF.
>Die Intellektuelle!
RUF.
>Zur Wand mit ihr!
DER NAMENLOSE.
>Dein Schutz Verrat.
>Die Stunde fordert Handeln,
>Rücksichtsloses Handeln.
>Wer nicht mit uns, ist wider uns.
>Masse muss leben.
MASSE IM SAAL.
>Muss leben.
DER NAMENLOSE.
>Du bist verhaftet.
DIE FRAU.
>Ich ... schütze ... sie ... die mit mir aufgewachsen?
>Nein, ich schütze euch!
>Ihr selbst steht an der Mauer!
>Ich schütze unsre Seelen!
>Ich schütze Menschheit, ewige Menschheit.
>Wahnsinniger Ankläger ...
>In meinen Worten Angst ...
>So niedrig nie ...
>Ich wählte ...
>Du lügst ... du lügst ...

>*Ein Arbeiter betritt den Saal.*

ARBEITER.
>Bellt einer auf von den Gefangenen
>Bellt monoton, bellt immer wieder,
>Er will zur Führerin!
DER NAMENLOSE.
>Beweis.
DIE FRAU.
>Noch einmal ... du lügst ... –

Wer will mich sprechen ... wer?
Vielleicht der Mann.
Um ihn beging ich heute nimmermehr Verrat ...
Jetzt verrietet ihr euch selbst ...
Ich weiß nichts mehr ...

Der Namenlose verlässt die Tribüne, taucht in der Masse im Saal
unter. Von draußen dringen Arbeiter ein.

DIE ARBEITER.
    Verloren.
RUFE.
    Fliehen! Kämpfen!

Draußen vereinzelte Schüsse. Die Arbeiter drängen zur Tür.

RUFE.
    Die Tür ist verrammelt.
    Gekesselt wie Hasen!

Schweigen der Todeserwartung.

RUF.
    Sterben!

Einer beginnt die Internationale zu singen. Die andern fallen ein.
Mächtig.

Lied

Wacht auf im Erdenrund, ihr Knechte,
Ihr Angeschmiedete der Not,
Aus Tiefen donnern neue Rechte.
Der Tag bricht an, die Fackel loht.
Frei die Bahn, heran zum Handeln,
Packt an! Ihr Massen, erwacht:
Die Welt will sich von Grund aus wandeln,
Wir Sklaven ergreifen die Macht.
Völker hört die Signale,
Reiht euch ein, der Würfel fällt.

Die Internationale
Erkämpft – befreit die Welt.

Plötzlich kurzes Maschinengewehrfeuer. Das Lied zerbricht, Tür
am Haupteingang und seitliche Türen werden mit einem Ruck
eingestoßen. Soldaten mit Gewehren im Anschlag stehen an den
Türen.

OFFIZIER.
   Widerstand ist nutzlos!
   Hände hoch!
   Hände hoch, befehle ich.
   Wo ist die Führerin?
   Warum streckst nicht die Hände hoch?
   Legt ihr Fesseln an.

   Soldaten fesseln die Frau.
   Die Bühne verdunkelt sich.

Sechstes Bild

(Traumbild)

Unbegrenzter Raum.
Im Kern ein Käfig, von einem Lichtkegel umzückt. Darin
zusammengekauert eine Gefesselte (Antlitz der Frau). Neben dem
Käfig der Begleiter in Gestalt des Wärters.

DIE GEFESSELTE.
> Wo bin
> Ich?

DER WÄRTER.
> Im
> Menschenschauhaus.

DIE GEFESSELTE.
> Vertreib die Schatten.

DER WÄRTER.
> Vertreib sie selbst.

> *Von irgendwo ein grauer Schatten ohne Kopf.*

ERSTER SCHATTEN.
> Kennst mich, Erschossenen?
> Mörderin!

DIE GEFESSELTE.
> Ich bin nicht
> Schuldig.

> *Von irgendwo ein zweiter grauer Schatten ohne Kopf.*

ZWEITER SCHATTEN.
> Auch Mörderin
> An mir.

DIE GEFESSELTE.
> Du lügst.

> *Von irgendwo grauer Schatten ohne Kopf.*

DRITTER SCHATTEN.
>Mörderin
>An mir.
VIERTER SCHATTEN.
>Und mir.
FÜNFTER SCHATTEN.
>Und mir.
SECHSTER SCHATTEN.
>Und mir.
DIE GEFESSELTE.
>Herr Wärter!
>Herr Wärter!
DER WÄRTER.
>Haha! Hahahaha!
DIE GEFESSELTE.
>Ich wollt nicht
>Blut.
ERSTER SCHATTEN.
>Du schwiegst.
ZWEITER SCHATTEN.
>Schwiegst beim Sturm
>Aufs Stadthaus.
DRITTER SCHATTEN.
>Schwiegst beim Raub
>Der Waffen.
VIERTER SCHATTEN.
>Schwiegst zum Kampf.
FÜNFTER SCHATTEN.
>Schwiegst beim Holen
>Der Reserven.
SECHSTER SCHATTEN.
>Du bist schuldig.
ALLE SCHATTEN.
>Du bist schuldig.
DIE GEFESSELTE.
>Ich wollt
>Die andern

Vor Erschießen
Retten.
ERSTER SCHATTEN.
Betrüg dich nicht.
Vorher
Erschoss man uns.
ALLE SCHATTEN.
Mörderin du
An uns.
DIE GEFESSELTE.
So bin ich ...
DIE SCHATTEN.
Schuldig!
Dreimal schuldig!
DIE GEFESSELTE.
Ich ... bin ... schuldig ...

Die Schatten verblassen. Von irgendwo Bankiers im Zylinder.

ERSTER BANKIER.
Aktie Schuldig,
Biete an
Zum Nennwert.
ZWEITER BANKIER.
Aktie Schuldig
Ist nicht mehr
Zugelassen.
DRITTER BANKIER.
Verspekuliert!
Aktie Schuldig
Fetzen Papier.
DIE DREI BANKIERS.
Aktie Schuldig
Als Verlust zu buchen.

Die Gefesselte richtet sich auf.

DIE GEFESSELTE.
Ich ... bin ... schuldig.

Die Bankiers verblassen.

DER WÄRTER.
> Törin
> Vom sentimentalen
> Lebenswandel.
> Wären sie am Leben
> Sie tanzten
> Um vergoldeten Altar,
> Dem Tausende geopfert.
> Auch du.

DIE GEFESSELTE.
> Ich Mensch bin schuldig.

DER WÄRTER.
> Masse ist Schuld.

DIE GEFESSELTE.
> So bin ich zwiefach
> Schuldig.

DER WÄRTER.
> Leben ist Schuld.

DIE GEFESSELTE.
> So musste ich
> Schuldig werden?

DER WÄRTER.
> Jeder lebt **sich**.
> Jeder stirbt **seinen** Tod.
> Der Mensch,
> Wie Baum und Pflanze,
> Schicksalsgebundne
> Vorgeprägte Form,
> Die werdend sich entfaltet,
> Werdend sich zerstört.
> Erkämpf die Antwort selbst!
> Leben ist Alles.

Von irgendwo kommen im Abstand von fünf Schritt die Gefangenen
in Sträflingskleidung. Auf dem Kopf spitze Kappe, an der ein Fetzen
Tuch mit Augenschlitzen befestigt, das Gesicht verhängt. Auf der

Brust jedes Gefangenen eine Nummer. Im Quadrat gehen sie im eintönigen Rhythmus lautlos um den Käfig.

DIE GEFESSELTE.
> Wer ihr?
> Zahlen!
> Antlitzlose!
> Wer seid ihr?
> Masse
> Antlitzloser?

VON FERNE DUMPFES ECHO.
> Masse ...

DIE GEFESSELTE.
> Gott!!

ECHO VERHALLEND.
> Masse ...

Stille tropft.

DIE GEFESSELTE *aufschreiend.*
> Masse ist Muss!
> Masse ist schuldlos!

DER WÄRTER.
> Mensch ist schuldlos.

DIE GEFESSELTE.
> Gott ist schuldig!

ECHO VON FERN.
> Schuldig ...
> Schuldig ...
> Schuldig ...

DER WÄRTER.
> Gott ist in dir.

DIE GEFESSELTE.
> So überwind ich Gott.

DER WÄRTER.
> Wurm!
> Gotteschänderin!

DIE FRAU.
> Schändete ich
> Gott?
> Oder schändete
> Gott
> Den Menschen?
> O ungeheuerlich
> Gesetz der Schuld,
> Darin sich
> Mensch und Mensch
> Verstricken **muss**.
> Gott
> Vor ein Gericht!
> Ich klage an.

ECHO VON FERNE.
> Vor ein Gericht.

Die schreitenden Gefangenen bleiben stehen. Ihre Arme schnellen
aufwärts.

DIE GEFANGENEN.
> Wir klagen an.

Die Gefangenen verblassen.

DER WÄRTER.
> Du bist geheilt,
> Komm aus
> Dem Käfig.

DIE GEFESSELTE.
> Ich bin frei?

DER WÄRTER.
> Unfrei!
> Frei!

Die Bühne verdunkelt sich.

Siebentes Bild

*Gefängniszelle. Kleiner Tisch, Bank und Eisenbett in Mauer
eingelassen. Vergittertes Lichtloch durch Milchglas undurchsichtig.
Am Tisch sitzt die Frau.*

DIE FRAU.

O Weg durch reifes Weizenfeld
In Tagen des August ...
Vormorgenwanderung in winterlichen Bergen ...
O kleines Käferchen im Hauch des Mittags ...
Du Welt ...

Stille breitet sich sanft um die Frau.

DIE FRAU.

Sehnt ich ein Kind?

Stille schwingt.

DIE FRAU.

O Zwiespalt alles Lebens,
An Mann geschmiedet und an Werk.
An Mann ... an Feind ...
An Feind?
An Feind geschmiedet?
An mich geschmiedet?
Dass er käme ... ich will Bestätigung.

Die Zelle wird aufgeschlossen. Herein kommt der Mann.

DER MANN.

Frau ... ich komme.
Komm, weil du mich riefst.

DIE FRAU.

Mann ...!
Mann ...

DER MANN.

Ich bringe frohe Kunde dir,

Nicht weiter dürfen Gossen ihren Sud
Auf deinen ... meinen Namen willkürlich entleeren.
Die Untersuchung gegen jene Mörder
Ergab, dass schuldlos du am Frevel der Erschießung.
Sei mutig, noch ist Todesurteil nicht bestätigt.
Trotz Staatsverbrechen achtet rechtlich Denkender
Motive, edel, ehrenhaft.
DIE FRAU *weint leise auf.* Ich bin schuldlos ...
Ich bin schuldlos schuldig ...
DER MANN.
    Du bist schuldlos.
    Dem rechtlich Denkenden ist es Gewissheit.
DIE FRAU.
    Dem rechtlich Denkenden ...
    Ich bin so wund ...
    Und froh, dass ohne Schmach dein Name ...
DER MANN.
    Ich wusste, dass du schuldlos.
DIE FRAU.
    Ja ... du wusstest ...
    Achtung vor Motiven ... so wohlanständig bist du ...
    Ich seh dich jetzt so ... klar ...
    Und bist doch schuldig ... Mann,
    Du ... Schuldiger am Mord!
DER MANN.
    Frau, ich kam zu dir ...
    Frau ... dein Wort ist Hass.
DIE FRAU.
    Hass? Nicht Hass,
    Ich liebe dich ... ich liebe dich aus meinem Blut.
DER MANN.
    Ich warnte dich vor Masse.
    Wer Masse aufwühlt, wühlt die Hölle auf.
DIE FRAU.
    Die Hölle? Wer schuf jene Hölle?
    Wer fand die Folter eurer goldnen Mühlen,
    Die mahlen, mahlen Tag um Tag Profit?

Wer baute Zuchthaus ... wer sprach »Heilger Krieg«?
Wer opferte Millionen Menschenleiber
Dem Altar lügnerischen Spiels der Zahl?
Wer stieß die Massen in verweste Höhlen,
Dass heute sie beladen mit dem Sud des Gestern,
Wer raubte Brüdern menschlich Antlitz,
Wer zwang sie in Mechanik,
Erniedrigt sie zu Kolben an Maschinen?
Der Staat! ... Du! ...

DER MANN.

Mein Leben Pflicht.

DIE FRAU.

O ja ... Pflicht ... Pflicht am Staat.
Du bist ... wohlanständig ...
Ich sagte ja, ich sehe dich so klar.
Du bist wohlanständig.
Du, sag den rechtlich Denkenden,
Sie hätten niemals recht ...
Schuldig sind sie ...
Schuldig wir alle ...
Ja, ich bin schuldig ... schuldig vor mir,
Schuldig vorm Menschen.

DER MANN.

Ich kam zu dir.
Ist hier ein Tribunal?

DIE FRAU.

Hier wächst ein Tribunal.
Ich Angeklagte bin der Richter.
Ich klage an ... und spreche schuldig,
Spreche frei ...
Denn letzte Schuld ...?
Ahnst du ... wer letzte Schuld trägt?
Menschen müssen Werk wollen,
Und Werk wird rot von Menschenblut.
Menschen müssen Leben wollen,
Und um sie wächst ein Meer von Menschenblut.
Ahnst du ... wer letzte Schuld trägt? ...

Komm gib mir deine Hand,
Geliebter meines Blutes.
Ich hab mich überwunden ...
Mich und dich.

Zittern bricht aus dem Mann. Ein jäh aufquellender Gedanke
zerwühlt sein Gesicht. Er taumelt hinaus.

DIE FRAU.

Gib deine Hand mir ...
Gib deine Hand mir, Bruder,
Auch du mir Bruder. –
Du bist gegangen ... musstest gehn ...
Letzter Weg führt über Schneefeld.
Letzter Weg kennt nicht Begleiter.
Letzter Weg ist ohne Mutter.
Letzter Weg ist Einsamkeit.

Die Tür wird geöffnet. Eintritt der Namenlose.

DER NAMENLOSE.

Vom Wahn geheilt? Zerstäubt die Illusion?
Drang Einsicht spitzer Dolch ins Herz?
Sprach Richter »Mensch« und »Ich vergebe dir«?
Heilsam war dir die Lehre.
Ich gratuliere zur Bekehrung. Jetzt wieder unser.

DIE FRAU.

Du? Wer schickt dich?

DER NAMENLOSE.

Die Masse.

DIE FRAU.

Man hat mich nicht vergessen?
Die Botschaft ... Die Botschaft ...

DER NAMENLOSE.

Mein Auftrag ist dich zu befrein.

DIE FRAU.

Befreien!
Leben!
Wir fliehn? Ist alles vorbereitet?

DER NAMENLOSE.

Zwei Wärter sind bestochen.

Den Dritten, den am Tore, schlag ich nieder.

DIE FRAU.

Schlägst nieder ... meinetwillen ...?

DER NAMENLOSE.

Der Sache willen.

DIE FRAU.

Ich hab kein Recht,

Durch Tod des Wächters Leben zu gewinnen.

DER NAMENLOSE.

Die Masse hat ein Recht auf dich.

DIE FRAU.

Und Recht des Wächters?

Wächter ist Mensch.

DER NAMENLOSE.

Noch gibt es nicht »den Menschen«

Massenmenschen hie!

Staatsmenschen dort!

DIE FRAU.

Mensch ist nackt.

DER NAMENLOSE.

Masse ist heilig.

DIE FRAU.

Masse ist nicht heilig.

Gewalt schuf Masse.

Besitzunrecht schuf Masse.

Masse ist Trieb aus Not,

Ist gläubige Demut ...

Ist grausame Rache ...

Ist blinder Sklave ...

Ist frommer Wille ...

Masse ist zerstampfter Acker,

Masse ist verschüttet Volk.

DER NAMENLOSE.

Und Tat?

DIE FRAU.

Tat! Und mehr als Tat!

Mensch in Masse befrein,

Gemeinschaft in Masse befreien.

DER NAMENLOSE.

Der raue Wind vorm Tore

Wird dich heilen.

Eil dich,

Minuten bleiben uns.

DIE FRAU.

Du bist nicht Befreiung,

Du bist nicht Erlösung.

Doch weiß ich, wer du bist.

»Schlägst nieder!« Immer schlägst du nieder!

Dein Vater der hieß: Krieg.

Du bist sein Bastard.

Du armer neuer Henkermarschall,

Dein einzger Heilweg: »Tod!« und »Rottet aus!«

Wirf ab den Mantel hoher Worte,

Er wird papierenes Gespinst.

DER NAMENLOSE.

Die Mördergenerale kämpften für den Staat!

DIE FRAU.

Sie mordeten, doch nicht in Lust.

Sie glaubten gleich wie du an ihre Sendung.

DER NAMENLOSE.

Sie kämpften für den Unterdrücker Staat,

Wir kämpfen für die Menschheit.

DIE FRAU.

Ihr mordet für die Menschheit,

Wie sie Verblendete für ihren Staat gemordet.

Und einige glaubten gar

Durch ihren Staat, ihr Vaterland,

Die Erde zu erlösen.

Ich sehe keine Unterscheidung:

Die einen morden für ein Land,

Die andern für die Länder alle.

Die einen morden für tausend Menschen,
Die andern für Millionen.
Wer für den Staat gemordet,
Nennt ihr Henker.
Wer für die Menschheit mordet,
Den bekränzt ihr, nennt ihn gütig,
Sittlich, edel, groß.
Ja, sprecht von guter, heiliger Gewalt.

DER NAMENLOSE.
Klag andre, klag das Leben an!
Soll ich Millionen ferner unterjochen lassen,
Weil ihre Unterjocher ehrlich glauben?
Und wirst du weniger schuldig,
Wenn du schweigst?

DIE FRAU.
Nicht Fackel düsterer Gewalt weist uns den Weg.
Du führst in seltsam neues Land,
Ins Land der alten Menschensklaverei.
Wenn Schicksal dich in diese Zeit gestoßen,
Und dir die Macht verheißt:
Zu vergewaltigen, die verzweifelt
Dich ersehnen wie den neuen Heiland,
So weiß ich: Dieses Schicksal hasst den Menschen.

DER NAMENLOSE.
Die Masse gilt und nicht der Mensch.
Du bist nicht unsre Heldin, unsre Führerin.
Ein jeder trägt die Krankheit seiner Herkunft,
Du die bürgerlichen Male:
Selbstbetrug und Schwäche.

DIE FRAU.
Du liebst die Menschen nicht.

DER NAMENLOSE.
Die Lehre über alles!
Ich liebe die Künftigen!

DIE FRAU.
Der Mensch über alles!
Der Lehre willen

Opferst du
Die Gegenwärtigen.
DER NAMENLOSE.

Der Lehre willen muss ich sie opfern.
Du aber verrätst die Masse, du verrätst die Sache.
Denn heute gilt's sich zu entscheiden.
Wer schwankt, sich nicht entscheiden kann,
Stützt die Herren, die uns unterdrücken,
Stützt die Herren, die uns hungern lassen,
Ist Feind.
DIE FRAU.

Ich verriete die Massen,
Forderte ich Leben eines Menschen.
Nur selbst sich opfern darf der Täter.
Höre: Kein Mensch darf Menschen töten
Um einer Sache willen.
Unheilig jede Sache, dies verlangt.
Wer Menschenblut um seinetwillen fordert,
Ist Moloch:
Gott war Moloch.
Staat war Moloch.
Masse war Moloch.
DER NAMENLOSE.

Und wer heilig?
DIE FRAU.

Einst ...
Gemeinschaft ...
Werkverbundne freie Menschheit ...
Werk – Volk.
DER NAMENLOSE.

Dir fehlt der Mut, die Tat, die harte Tat
Auf dich zu nehmen.
Durch harte Tat erst wird das freie Volk.
Sühne durch den Tod.
Vielleicht dein Tod von Nutzen uns.
DIE FRAU.

Ich lebe ewig.

DER NAMENLOSE.
> Du lebst zu früh.

Der Namenlose verlässt die Zelle.

DIE FRAU.
> Du lebtest gestern.
> Du lebst heute.
> Und bist morgen tot.
> Ich aber werde ewig,
> Von Kreis zu Kreis,
> Von Wende zu Wende,
> Und einst werde ich
> Reiner,
> Schuldloser,
> Menschheit
> Sein.

Eintritt der Priester.

DER PRIESTER.
> Ich komme, letzten Beistand dir zu geben,
> Auch dem Verbrecher wird der Schutz der Kirche nicht versagt.

DIE FRAU.
> In wessen Auftrag?

DER PRIESTER.
> Die Staatsbehörde hat mich unterrichtet.

DIE FRAU.
> Wo waren Sie am Tage des Gerichts?
> Gehen Sie! ...

DER PRIESTER.
> Gott vergibt auch dir. Ich weiß um dich.
> Der Mensch ist gut – so träumtest du
> Und sätest namenlosen Frevel
> Wider heilgen Staat und heilge Ordnung.
> Der Mensch ist böse von Anbeginn.

DIE FRAU.
> Der Mensch **will** gut sein.

DER PRIESTER.

Die Lüge fallender Zeiten,

Geboren aus Verfall, Verzweiflung, Flucht,

Geschützt durch wächserne Hülle,

Erbettelten, ersehnten Glaubens,

Bedroht vom schlechten Gewissen.

Glaub mir, er **will** nicht einmal gut sein.

DIE FRAU.

Er **will** gut sein. Auch wo er Böses tut,

Hüllt er sich in die Maske Guttun.

DER PRIESTER.

Völker werden, Völker verfallen,

Nie sah die Erde Paradies.

DIE FRAU.

Ich glaube.

DER PRIESTER.

Erinnere dich:

Machtgier! Lustgier! Der irdische Rhythmus.

DIE FRAU.

Ich glaube!!

DER PRIESTER.

Alles Irdische ewiger Wechsel von Formen.

Menschheit bleibt hilflos. In Gott ruht Erlösung.

DIE FRAU.

Ich glaube!!!

Mich friert … Gehen Sie!

Gehen Sie!

Der Priester verlässt die Zelle. Eintritt der Offizier.

OFFIZIER.

Hier das Urteil.

Mildernder Umstand anerkannt.

Trotzdem. Staatsverbrechen heischt Sühne.

DIE FRAU.

Sie werden mich erschießen lassen?

DER OFFIZIER.

Befehl Befehl. Gehorchen gehorchen.

Staatsinteresse Ruhe Ordnung.

Offizierspflicht.

DIE FRAU.

Und der Mensch?

DER OFFIZIER.

Jede Unterhaltung mir verboten.

Befehl Befehl.

DIE FRAU.

Ich bin bereit.

Offizier und Frau gehen hinaus. Einige Sekunden die Zelle leer. Zwei weibliche Gefangene in Sträflingskitteln huschen hinein. Bleiben an der Tür stehen.

ERSTE GEFANGENE.

Sahst du den Offizier? So goldne Uniform?

ZWEITE GEFANGENE.

Ich sah den Sarg. Im Waschraum. Gelbe Bretterkiste.

Die erste Gefangene sieht auf dem Tisch Brot liegen, stürzt sich darauf.

ERSTE GEFANGENE.

Da Brot! Hunger! Hunger! Hunger!

ZWEITE GEFANGENE.

Mir Brot! Mir Brot! Mir Brot!

ERSTE GEFANGENE.

Da Spiegel. Ei, wie schön.

Verstecken. Abends. Zelle.

ZWEITE GEFANGENE.

Da seidnes Tuch.

Nackte Brust, seidnes Tuch.

Verstecken. Abends. Zelle.

Von draußen dringt der harte Knall einer Salve in die Zelle. Die Gefangenen werfen erschreckt gespreizte Hände von sich. Erste Gefangene sucht aus ihren Röcken den versteckten Spiegel. Legt ihn hastig auf den Tisch zurück. Weint auf, sinkt in die Knie.

ERSTE GEFANGENE.

Schwester, warum tun wir das?

In einer großen Hilflosigkeit taumeln ihre Arme in die Luft. Zweite Gefangene sucht aus ihren Röcken das versteckte seidne Tuch. Legt es hastig auf das Bett zurück.

ZWEITE GEFANGENE.

Schwester, warum tun wir das?

Zweite Gefangene bricht zusammen. Birgt den Kopf im Schoß.

Die Bühne schließt sich.